Richard Deiss

City of poems

77 Gedichttafeln in fremden Sprachen

Impressum

Autor:	Richard Deiss
Fotografien:	Richard Deiss/siehe Quellennachweis
Cover:	Richard Deiss

Kontakt: richard.deiss@gmail.com

Herstellung und Verlag: BoD - Books on Demand, Norderstedt, Printed in Germany

ISBN: 978-3-756-2226-67

Erste Auflage 2022, Originalausgabe

Bibliografische Information der Deutschen Nationalbibliothek
Die Deutsche Nationalbibliothek verzeichnet diese Publikation in der Deutschen Nationalbibliografie; detaillierte bibliografische Daten sind im Internet über http://dnb.d-nb.de abrufbar

Inhalt

FSC
www.fsc.org

MIX

Papier aus ver-
antwortungsvollen
Quellen
Paper from
responsible sources

FSC® C105338

Vorwort

Ich habe in Deutschland bereits mehr als 1000 Städte besucht, im übrigen Europa 1000 weitere Städte. Bei den Städtebesuchen stieß ich immer wieder auf bemerkenswerte Gedenk- und Informationstafeln. Wahrscheinlich habe ich bereits weit mehr als 1000 solcher Tafeln gesehen. Anfang des Jahres 2022 kam ich auf die Idee, die interessantesten Tafeln in einem kleinen Taschenbuch aufzulisten. Später beschloss ich, mehrere thematische Einzelbände herauszubringen. Der erste Band erschien Ende Mai und war besonders witzigen und kuriosen Tafeln gewidmet. Der zweite Band sollte Tafeln mit Gedichten zeigen, doch es kamen mehr zusammen als gedacht. Schließlich ergab sich eine Aufteilung in einen Band zu deutschsprachigen Gedichten, einen Band mit Gedichten und anderen Texten in deutschen Dialekten und einen zu Gedichten in anderen Sprachen. Hiermit liegt der dritte von drei Bänden vor, mit Tafeln und Fassadeninschriften mit lyrischen Texten in anderen Sprachen, gefunden vor allem im öffentlichen Raum verschiedener Städte in Deutschland sowie im Beneluxraum. Die osthessische Stadt Hünfeld ist durch ihr Konkrete-Poesie-Projekt `Das Offene Buch´ relativ gut vertreten, ebenso das niederländische Leiden, mit seinem Fassadenprojekt *Muurgedichten*, sowie Nimwegen (Nijmegen) mit einer ähnlichen Initiative.

Ich freue mich, wenn das Buch LeserInnen findet, die es interessant und unterhaltsam finden. Rückmeldungen und Kommentare sind willkommen. Vielleicht werden LeserInnen auch angeregt, die eine oder andere Tafel und Fassade selbst in Augenschein zu nehmen.

Viel Spaß mit dem Lesen der gesammelten Gedichtkostproben.

Wuppertal, im September 2022
Richard Deiss

1. Englisch

Der Engländer William Shakespeare (1564-1616) ist der vielleicht berühmteste Dichter weltweit. Andere englischsprachige Dichter sind im deutschen Sprachraum allerdings weit weniger bekannt, obwohl der englischsprachige Raum etliche hervorgebracht hat. Auf meinen Reisen durch Großbritannien sind mir jedoch nur wenige im öffentlichen Raum lesbare Gedichte aufgefallen, und leider habe ich keine Fotos dazu. In diesem Buch sind dennoch mehr als ein Dutzend englischsprachige Gedichte enthalten. Diese fand ich hauptsächlich im osthessischen Hünfeld, der Stadt der Konkreten Poesie und in den Niederlanden, vor allem in der Fassadengedichtstadt Leiden, teilweise auch in Nijmegen. Auch in manchen deutschen Städten wie Heidelberg, Geisenheim und sogar München, eine Stadt ohne öffentliche Gedichttafeln, lassen sich Tafeln mit englischen Gedichten finden.

Der Geist von **Shakespeare** in Stratford-upon-Avon

William Shakespeare (1564-1616)

Shakespeare, der weltweit bekannteste englischsprachige Schriftsteller und Dichter, ist mit dem um 1593 entstandenen **Sonnet XXX** bei den **Muurgedichten Leiden** vertreten. In den ersten drei Strophen wird eine düstere Bilanz der Vergangenheit gezogen mit verpassten Chancen und dem Verlust etlicher Freunde. In den letzten zwei Zeilen denkt er an einen Freund und so löst sich der Schmerz dann doch auf.

Ecke Houtstraat/Papenburg

SONNET XXX

WHEN TO THE SESSIONS OF SWEET SILENT THOUGHT
I SUMMON UP REMEMBRANCE OF THINGS PAST,
I SIGH THE LACK OF MANY A THING I SOUGHT,
AND WITH OLD WOES NEW WAIL MY DEAR TIMES' WASTE:

THEN CAN I DROWN AN EYE, UNUS'D TO FLOW,
FOR PRECIOUS FRIENDS HID IN DEATH'S DATELESS NIGHT
AND WEEP AFRESH LOVE'S LONG-SINCE CANCELL'D WOE,
AND MOAN THE EXPENSE OF MANY A VANISH'D SIGHT:

THEN CAN I GRIEVE AT GRIEVANCES FOREGONE
AND HEAVILY FROM WOE TO WOE TELL O'ER
THE SAD ACCOUNT OF FORE-BEMOANED MOAN,
WHICH I NEW PAY AS IF NOT PAID BEFORE.

BUT IF THE WHILE I THINK ON THEE, DEAR FRIEND,
ALL LOSSES ARE RESTOR'D AND SORROWS END.

WILLIAM SHAKESPEARE (1564-1616)

HOUTSTRAAT

Edward Estling Cummings (1894-1962)

Cummings´ Gedicht **The hours rise** zeigt das Leben als einen Tag-Nacht-Zyklus, in welchem den Träumen eines einsamen schwachen Mannes die Grausamkeit und der Tod in der Stadt gegenüberstehen. Cummings war Sanitäter im 1. Weltkrieg und diese Erfahrungen haben auch seine Werke in den 1920ern geprägt, wie dieses 1922 entstandene Gedicht, das 23. Mauergedicht in Leiden.

Nieuwe Rijn 36

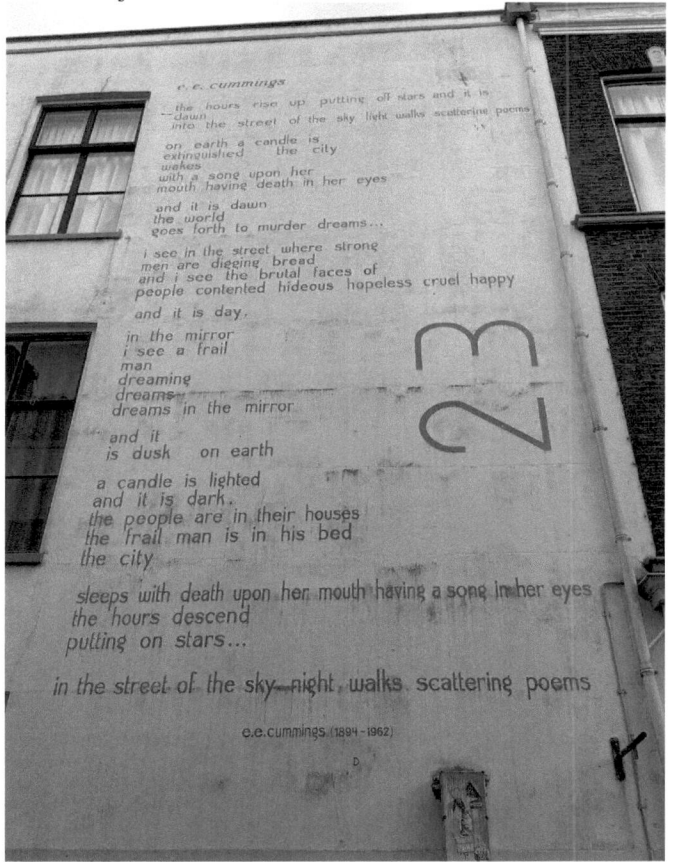

William Butler Yeats (1865-1939)

In **Yeats´** Gedicht **A Coat** (1914) geht es um Nachahmer. Yeats vergleicht seinen kreativen Prozess mit einer Jacke, welche er selbst geschaffen hat. Er hatte sich alten Mythologien zugewandt und daraus Inspiration gewonnen. Doch andere ziehen sich diese Jacke an und geben sie als ihre aus. Lasst sie diese haben, schließt er, es bringt mehr, nackt herumzulaufen (und sich damit von neuen Ideen inspirieren zu lassen).

Lange Mare 31-33

Hünfeld

Herman de Vries (*1931)

Der niederländische Künstler **Herman de Vries** spielt in Hünfeld mit dem metaphysischen Seins-Begriff, in welchem er ihn durch Wiederholung vertieft und zur Verszeile mit fast melodischer Anmutung macht.

Hersfelder Straße (ehem. Bahnbrücke)

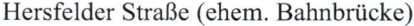

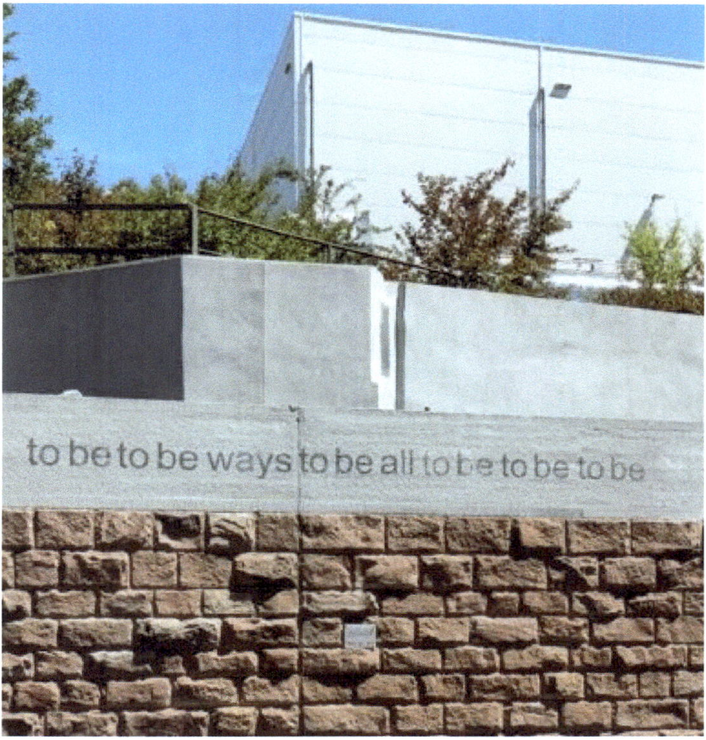

Jiri Valoch (*1946)

Der tschechische Lyriker und Kunsthistoriker **Jiri Valoch** gilt als Meister der Kurzform und hat in Hünfeld zwei Wortpaare auf Gebäuden hinterlassen. Beide sind selbst-referentiell, **words only**, es sind nur Worte und es sind nur zwei und sonst ist nichts auf der Fassade zu sehen. **Something else** zeigt etwas anderes an der Fassade als nur die üblichen Fenster. So regt gerade die Knappheit der Statements zum Nachdenken an.

Valoch-Werke in Hünfeld: Goetheweg 2 und Parkplatz Goldrain

Piet Mondrian (1872-1944)

Der holländische Maler **Piet Mondrian** ist ein wichtiger Vertreter der konkreten Kunst, vielleicht ein Grund, weshalb er in Hünfeld mit einem Zitat zur Sammlung Konkreter Poesie beiträgt. Die Schrift ist bereits etwas verblasst und tritt hinter einem von Mauersteinen schön gerahmten Fenster zurück. So bestätigt der Satz ein bisschen sich selbst, er verschwindet bereits ein bisschen hinter der Schönheit der Fassade.

Hersfelder Straße 25

Ronny Korn

Im Hof des Museum Modern Art Hünfeld findet sich eine Metallskulptur des jungen deutschen Künstlers **Ronny Korn**. Sie zeigt die Zahl **5317**. Betrachtet man sie von der anderen Seite, steht die Zahl auf dem Kopf und man liest **LIES**, was mehrdeutig ist. Man kann dies Deutsch lesen (Lies!), Englisch (Lies, Lügen, oder es liegt). Diese Skulptur gehört nicht zu den Fassadengedichten wirkt aber in ihrer Mehrdeutigkeit wie ein Werk der Konkreten Poesie.

Hof des Museums Modern Art, Hersfelder Str. 25

Peter Daniel (*1963)

Der österreichische Schriftsteller und Objektkünstler **Peter Daniel** sieht Buchstaben als Nomaden an, ihr Tempel ist das Zelt. In Hünfeld haben sich diese ordentlich aufgereihten Buchstaben an der Fassade einer Schule niedergelassen und nicht in einem Zelt. Der zweite Satzteil enthält hauptsächlich mit t beginnende Worte.

Christopher Marlowe (1564-1593)

In München haben bedeutende Schriftsteller gelebt wie Thomas Mann und Erich Kästner, aber es ist keine Dichterstadt. Goethe weilte hier nur kurz auf seiner Reisen nach Italien, hat aber keine Spuren hinterlassen. Schiller war nie in München. Bertolt Brecht meinte angeblich, das Beste an Augsburg wäre der D-Zug nach München. Von Ringelnatz gibt es ein Gedicht zu München und es ist die Stadt Karl Valentins. Aber Gedichte sind an Fassaden fast keine zu finden. Jedoch gibt es in einem privaten Kunstpark in Milbertshofen an einer Fassade eine Tafel mit einem Gedicht des englischen Poeten **Christopher Marlowe**, der bereits in jungen Jahren nach einer Wirtshausschlägerei starb. Ein Madrigal ist ein mehrstimmiges Vokalstück und eine wichtige musikalische Gesangsform der Spätrenaissance-Zeit Marlowes.

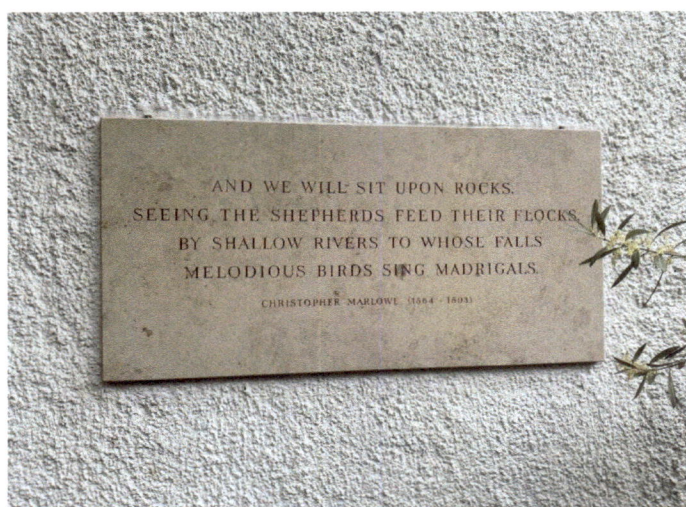

Geisenheim

Henry Wadsworth Longfellow (1807-1882)

Longfellow war im 19. Jahrhundert einer der beliebtesten Dichter Amerikas. In den 1830er Jahren unternahm er zwei Europareisen. Diese führten ihn auch nach Geisenheim im hessischen Rheingau. 1851 schrieb er ein Gedicht über die **Glocken von Geisenheim**, welches auf einer Bronzetafel an einem Brunnen am Rheingauer Dom in der Altstadt auf Englisch und Deutsch gelesen werden kann. Die deutsche Übersetzung stammt vom deutschen Lyriker und Übersetzer Ferdinand Freiligrath (1810-1876).

> *Was für ein Läuten mag das sein,*
> *es klingt so mild, so tief und rein?*
> *Das ist zum Sonnenuntergang,*
> *voll Wehmut, dass der Tag versank,*
> *der Glockenklang von Geisenheim.*

Tafel am Brunnen am Platz vor dem Rheingau-Dom (Zollstr.)

Joseph Freiherr von Eichendorff (1788-1857)

In Heidelberg steht am Neckar-Nordufer, unweit der Alten Brücke, der Heidelberger Liebesstein. Auf diesem ist seit Juli 2013 eine Messingtafel mit dem Text des **Eichendorff**-Gedichtes **Der Blick** angebracht. Angesichts vieler amerikanischer und asiatischer Touristen findet sich auch eine englische Version des Gedichtes.

Unbekannt

Im Zentrum der Stadt, hinter dem Rathaus findet sich an einem Metallbalken die Aufschrift:

Have you ever heard the sound of an iceberg melting?

Es ist leider nicht bekannt, wann dieses Lyrikzeile angebracht wurde und wer der Autor ist.

Radhuisstraat

Lieder Edda (13. Jahrhundert)

Havamal, des Hohen Lied, ist eine Sammlung von 164 Strophen der **Lieder-Edda**. Die Edda (Snorra Edda und Lieder Edda) wurde im 13. Jahrhundert in altisländischer Sprache in Island niedergeschrieben. Im Stadtmuseum von Stavanger (Norwegen) findet sich eine Infotafel mit einer Übersetzung der Strophen 138-140 ins Englische.

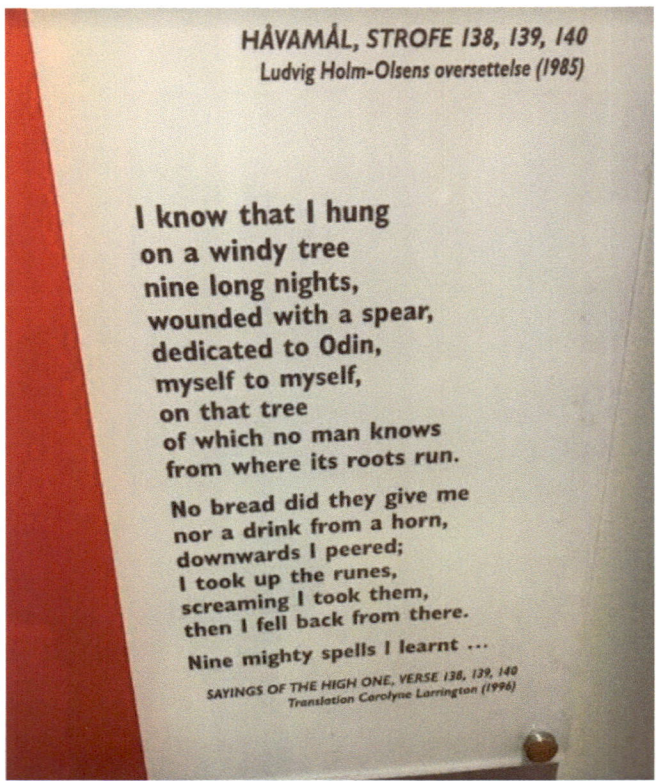

HÅVAMÅL, STROFE 138, 139, 140
Ludvig Holm-Olsens oversettelse (1985)

I know that I hung
on a windy tree
nine long nights,
wounded with a spear,
dedicated to Odin,
myself to myself,
on that tree
of which no man knows
from where its roots run.

No bread did they give me
nor a drink from a horn,
downwards I peered;
I took up the runes,
screaming I took them,
then I fell back from there.

Nine mighty spells I learnt ...

SAYINGS OF THE HIGH ONE, VERSE 138, 139, 140
Translation Carolyne Larrington (1996)

2. Niederländisch

In keinem Land lassen sich im öffentlichen Raum so viele Gedichte finden wie in den Niederlanden. Die Gründe sind unklar. Liegt es an der Sprache? Ist es ein Ausgleich für die starke Nutzung englischsprachiger Medien? Soll damit kompensiert werden, dass niederländischsprachige Lyrikbücher nur wenig gekauft und gelesen werden? Auch im niederländischsprachigen Flandern in Belgien sind Gedichte im öffentlichen Raum recht häufig zu sehen. Die alte Universitätsstadt Leiden hat die Tendenz ab 1992 mit dem Projekt **Muurgedichten**, welches bis 2005 lief, noch verstärkt. Davon ließen sich andere holländische Städte wie Nimwegen und Arnheim ebenfalls zu Fassadengedichtprojekten inspirieren.

Gedicht von **Jaap Robben**, Nijmegen, Marienburgsestr.

Hanny Michaelis (1922-2007)

Hanny Michaelis war eine niederländische Dichterin, die einer jüdischen Familie entstammte. Ihre Eltern kamen nie aus dem KZ Sobibor zurück, wohin sie 1943 geschickt wurden. Sie selbst überlebte die deutsche Besatzungszeit in Verstecken. Mit dem Umbau des Bahnhofs Utrecht wurde dort im Jahre 2016 ein Michaelis-Gedicht, welches im Buch **water uit de rots** (Wasser aus dem Felsen) 1957 veröffentlicht worden war, angebracht. Im Gedicht geht es um einen Zug in einem Traum, der einen zu einem anderen (Liebhaber?) zurückbringt, ans blaue Meer unter einer warmen Sonne. Doch immer kehrt der Zug zurück `an den leeren Bahnsteig eines weiteren Tages ohne dich´.

Bahnhofshalle Utrecht

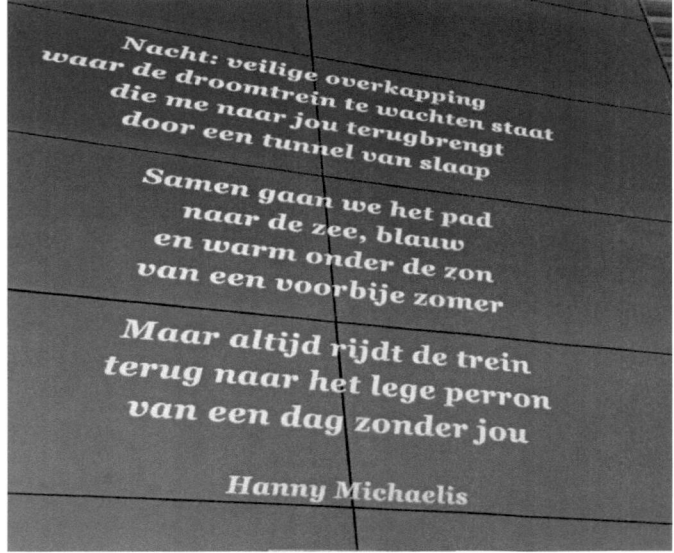

Nacht: veilige overkapping
waar de droomtrein te wachten staat
die me naar jou terugbrengt
door een tunnel van slaap

Samen gaan we het pad
naar de zee, blauw
en warm onder de zon
van een voorbije zomer

Maar altijd rijdt de trein
terug naar het lege perron
van een dag zonder jou

Hanny Michaelis

Cornelius Bastiaan Vaandrager (1935-1992)

Der niederländische Avantgardedichter **Vaandrager** bietet einer fiktiven Tanja im 1962 entstandenen Gedicht **Nederlandse Spoorwegen** verschiedene (aus dem Kursbuch abgeschriebene) Bahnabfahrtszeiten nach Amsterdam an. Vaandrager selbst stammte aus Rotterdam, zog in die niederländische Literaturhauptstadt Amsterdam, kehrte jedoch bereits nach einem Jahr in seine Heimatstadt zurück. Das Gedicht ist spiegelverkehrt und im gelb-blau Design der niederländischen Eisenbahn im Eingangsbereich eines Hauses aufgebracht. Gegenüber ist ein Spiegel angebracht, so dass man den Text ungespiegelt lesen kann.

Morsweg 16

I.K Bonset (Theo van Doesburg, 1883-1931)

Mit dem Gedicht **Lobelia** aus dem Jahre 1916 versucht sich der holländische Maler **Theo van Doesburg** unter dem Pseudonym **Bonset** als dadaistischer Dichter.

> *Auf meinem Tisch befindet sich der Himmel, weiß in lila-blau*
> *Auf meinem Tisch steht ein Tintenfass, liegt das schmutzige*
> *Ende eines Seils.*
> *Was ist der Himmel tief, was ist der Himmel hoch, was ist der*
> *Himmel rund, rund, rund…*

Für Doesburg war ein Gedicht als solches bereits Kunst und diente nicht dazu, die Wirklichkeit abzubilden oder verstanden zu werden, es soll unmittelbar erfahren werden. Das Gedicht entzieht sich so der einfachen Interpretation. Es fällt nur auf, dass es die Blume Lobelia in blau und weiß gibt und dass diese Farben auch im Gedicht eine wichtige Rolle spielen und auch für die Arbeit eines Dichters, der weißes Papier mit blauer Tinte beschreibt, so wie es in Blau an die weiße Fassade angebracht ist.

Neeltje Maria Min (*1944)

Die im nordholländischen Bergen geborene **Neeltje Maria Min** gehört zu den meistverkauften noch lebenden Dichterinnen der Niederlande. Als sie 1966 ihr Gedicht **Mijn moeder is mijn naam vergeten** schrieb hatte sie bereits ein anderthalbjähriges Kind, wohnte jedoch noch bei ihren Eltern, zu denen sie jedoch ein distanziertes Verhältnis hatte. Deshalb ist das Gedicht von ihren eigenen Erfahrungen inspiriert.

> *Meine Mutter hat meinen Namen vergessen,*
> *Mein Kind weiß noch nicht, wie ich heiße.*
> *Wie kann ich mich geborgen fühlen?*
> *Nenne mich, bestätige mein Bestehen.*
> *Lass mein Name wie eine Kette sein*
> *nenne mich, nenne mich, spreche mich an.*
> *Nenne mich nach meinem tiefsten Namen.*
> *Für meine Liebe will ich benannt werden.*

Kurt Schwitters (1887-1948)

Der in Hannover geborene deutsche Dadaist **Kurt Schwitters** schrieb dieses Gedicht im Jahre 1923 anlässlich einer Dada-Tournee durch die Niederlande. Da er nicht so gut Niederländisch sprach, sein holländisches Publikum aber auch Schwierigkeiten mit der deutschen Sprache hatte, schrieb er viele leicht zu begreifende Zahlengedichte, darunter **Wij W88888888**

Das Wort für 8 ist im Deutschen wie im Niederländischen **acht**, Plural **achten**. Diese Zahl wird in jeder Gedichtzeile 8 x wiederholt. Fügt man ein w hinzu, ergibt sich das holländische Wort wachten (warten). Setzt man **tr** an den Anfang, ergibt sich **trachten** (versuchen, danach trachten).

Wij w88888888 steht einfach für **Wir warten**, **Wij tr8888888** steht für **Wir versuchen**. Am Ende heißt es **te blijven wachten**, wartend verbleiben.

26

Bart Drost (*1955)

Bart Drost ist ein in Nijmegen lebender Allround-Künstler. Sein Gedicht **Wie bouwt er nooit eens luchtkastelen** (Wir bauen niemals Luftschlösser) aus dem Jahre 1986 ist an der arg abblätternden Hinterhof-Fassade eines Innenstadthauses angebracht.

Betouwstraat/Eerste Walstraat

Joris Ivens (1898-1989)

Der in Nijmegen geborene **Joris Ivens** gehört zu den bedeutendsten Dokumentarfilmern des 20. Jahrhunderts. 1988 bekam er die Ehrenbürgerwürde der Stadt verliehen und 1990 wurde ein Platz in Nijmegen, unweit seines Geburtshauses nach ihm benannt, zudem wurde ein Denkmal aufgestellt, welches viele an einen Flaschenöffner erinnert aber eine einfache Filmkamera darstellen soll. Auf dem Denkmal ist ein Zitat Ivens zu Nimwegen zu lesen:

Oft fern, bleibt Nijmegen, meine Jugend, mir doch nah.

Plastik auf dem Joris-Ivens-Platz in Nimwegen/Nijmegen.

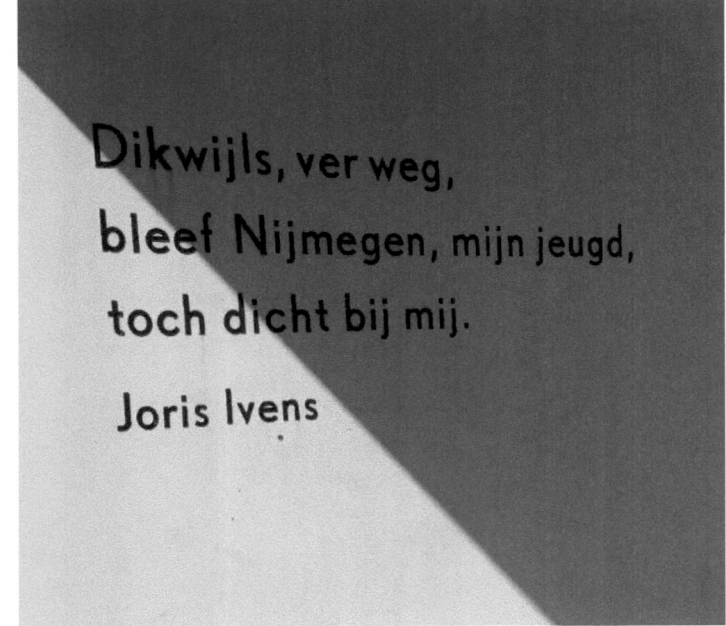

Louis Paul Boon (1912-1979)

Der in der flämischen Stadt Aalst geborene **Louis Paul Boon** war ein belgischer Schriftsteller, der alles Mögliche publiziert hat, auch Gedichte. Marieken van Nijmegen ist ein niederländisches Mysterienspiel aus dem 16. Jahrhundert. Das Marichen von Nijmegen lebte interessanterweise sieben Jahre beim Teufel.
In seinem Gedicht verbindet Boon das Mysterienspiel mit der Kriegszerstörung Nijmegens im 2. Weltkrieg.

> *Wir gehen durch die nächtliche verwüstete Stadt, auf der Suche nach Marichen. Das Marichen, das wir untertags finden, hat die besten Jahre schon hinter sich. Sie hat noch wunderschöne Augen, aber die Lippen sind bereits verschlissen. Ihre Hände zittern. Oh Marichen von Nimwegen.*

Arsenalgas

29

Augusta Peaux (1859-1944)

Die niederländische Dichterin **Augusta Peaux** lebte seit 1919 in Nimwegen, wo sie 1944 starb. 1926 verfasste sie das Gedicht **Oude huizen aan de kade** (alte Häuser am Kai)

Alte Häuser am Kai
So starren lichtscheue Eulen in die Sonne
Wie diese grauen Hausfassaden starren,
und schlafen den Tag hindurch wie alte Vögel.
Aber mit dem Einbruch der Nacht stehen sie mit spitzem
Schnabel und mit scharfen Krallen in der Winterluft
Die gelbliche Ebene im Westen, glatt und kalt.
Wie Weißkopfadler gleiten sie über das Wasser
Sehr dunkle große Tiere.

Lage Markt 81

OUDE HUIZEN AAN DE KADE

Zoo staren lichtschuwe uilen in de zon,
zooals die grauwe huizengevels staren
en suffen door den dag als oude vogels.
Maar met den avond staan zij scherp van bek
en scherp van klauwen op de winterlucht
die gelig vlakt in 't Westen, effen, koud.
Zeearenden, zoo zien zij over 't water
heel donkere, groote beesten.

Augusta Peaux, Nieuwe Gedichten, 1926

www.literairebakensnijmegen.

K. Shippers (Gerard Stigter, 1936-2021)

Im Jahre 2018 wurde an der Wand eines Einkaufszentrums in Nijmegen ein rotes Metallschild in Form einer Teekanne ange-bracht. Darauf sind folgende Zeilen des niederländischen Dichters **K. Shippers** (Pseudonym von Gerard Stigter) zu lesen:

Wenn du dich umsiehst, siehst du, dass alles farbig ist.

Um das rote Schild rankt sich grüner Efeu und macht die Szene noch farbiger.

Arsenalplaats

Jules Bogaers (1926-1996)

Jules Bogaers war ein niederländischer Archäologe, der hauptsächlich die provinzialrömischen Hinterlassenschaften im Land untersucht hat. 1959-1991 lehrte er an der Universität Nijmegen. In der Altstadt unweit vom Fluss Waal sind an einer Ziegelmauer Zeilen von ihm zu lesen.

Bleib stehen, Wanderer und bedenke:
Mehr als vier Jahrhunderte hat Nimwegen zum Römischen
Reich gehört. Aus dieser Zeit liegen Überreste hier drunter
Tuffsteinmauern, in grauer Vorzeit am Ufer der Waal erbaut
Sie stellen uns vor die Frage, wie es war, wenn man sich heute
in der Stadt aufhält.

Steenstraat

Kerkrade

Maurice Hintzen (*1965)

Selbst in abgelegenen Orten der Niederlande und dort an den seltsamsten Stellen finden sich Gedichttafeln oder Stelen. So zum Beispiel im ehemaligen Bergarbeiterort Kerkrade, unweit von Aachen. Maurice Hintzen wurde in Kerkrade geboren und schrieb jahrelang für seinen Karnevalsverein Lieder. Wichtige Stichworte dieser Lieder sind auf einer Tafel im Westen Kerkrades wiedergegeben, größtenteils im Limburger bzw. Kerkrader Dialekt und in Karnevalssprache, die in den Niederlanden eigene Begriffe hervorgebracht hat.

KOMBIENATSIEJOEËN

SJPATSEERWÈG 2017
SJNEUR, SJPAS, SJNIRK,
SJIEK, SJTOEËS, SJTÓP,
SJTRÓNKS, SJIS, SJUN
KAALHEI, KÓM, KOEMPEL,
KIEK, KUIDUPPE, KRIESJ,
KIRCHROA, KLASSE
VRUNG, VRÄUD, VERLOARE,
VERAIN, VUUROES, VOELIEG,
VELD, VIER
JEF JAAS, JOA, JUH,
JRAAM, JONGE, JEVEUL,
JOOL, JEWONNE

MAURICE HINTZEN, APRIL 2017
MITJLIED VAN D'R WAUWEL

Bewonersplatform Kerkrade-West

Wandelen in Kerkrade 9

Valkenburg

Paul Hermans (*1953)

Der Maastrichter Psychologe **Paul Hermans** schreibt seit den 1980er Jahren Gedichte, die zuerst unter Pseudonym, später unter seinem Namen erschienen. Am Gedichtweg entlang des Flusses Geul in der Provinz Limburg (**Gedichten langs de Geul**) findet sich das naturbezogene Hermans-Gedicht **Een Vijver** (Ein Teich)

> *Ein Teich*
> *Am Boden eine Wiese*
> *voll betender Pferde*
> *Ein Fischer*
> *Und dahinter die Stille*
> *Wie eine Frau*
> *Die ihre Fische übersetzt*
> *in den Gesten von Vögeln und Wind*

Geulweg (Geulhem)

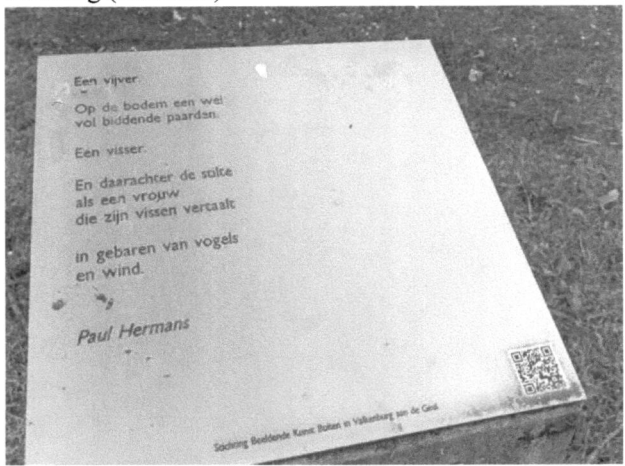

Gerrit Kouwenaar (1923-2014)

Der in Amsterdam geborene niederländische Dichter und Journalist **Gerrit Kouwenaar** ist in mehreren Städten des Landes durch Wandgedichte vertreten, so in Amsterdam und Almelo. Im Gedichtpfad längs der Geul in Valkenburg ist er auch zu finden:

Was es gibt, ist die unendlich helle Landstraße
Die ereignislose ewige Landstraße
Sich bis zum Rastplatz erstreckend
Rasten auf dem Weg zum Endpunkt
Im Gras eine Zeitung und ein Becher,
so nah am Boden, dass sie niemand vermisst
sie sind dort so schwarz und so treffsicher hingegangen,
dass sie mit ihrem Ziel verschmelzen.

Kapel Putweg

Jan Hanlo (1912-1967)

Der niederländische Dichter **Johannes Bernardus Hanlo** wurde in Bandung (Indonesien) geboren und starb in Maastricht in der Provinz Limburg. Im Gedichtpfad von Valkenburg sind mehrere Hanlo-Gedichte zu finden. Oft sind es kurze Werke mit Naturbezug, wie unten zu sehen.

> *Hör die Amsel (die liebe Mutter)*
> *Ja ich höre (das liebe Kind)*

Gedichtpfad Valkenburg, Strabeek

Jan Hanlo

Zu der grünen Natur des Gedichtpfades entlang des Flüsschens Geul passt Hanlos Gedicht **Ich nenne dich Blumen etc:**

> *Ich nenne dich: Blumen*
> *Ich nenne dich: Amsel am frühen Morgen*
> *Ich nenne dich: hübsch*
> *Ich nenne dich: Narzissen in der Nacht, worüber der Wind*
> *bis an meinen Zeh streicht*
> *Ich nenne dich: Blumen in der Nacht.*

Gedichtpfad Valkenburg, Brücke Kleine Geul

Jan Hanlo

In Hanlos Gedicht **De Mus** (der Spatz) wird das Piepen des Vogels lautmalerisch als Tijelp wiedergegeben (im Deutschen würde man es wohl als Zilp-zalp beschreiben). Der Vogel hört einfach nicht auf zu piepen.

Gedichtpfad Valkenburg, Kleine Geul

Belgien

In Belgien gibt es weniger Gedichttafeln als in den Niederlanden. Fassadengedichtaktionen wie in Leiden und Nimwegen finden gibt es hier nicht. Doch verglichen mit anderen Ländern sind selbst in Belgien Gedichte im öffentlichen Raum häufig zu lesen, sogar in der französischsprachigen Wallonie, wenn auch seltener als in Flandern.

Kunstaktion **Dichter aan de Lijn** (in Telefonzellen kann man einem Dichter zuhören) im Rahmen der Aktion **Niemand is een Eiland** (Sep 21-März 22) in Damme bei Brügge.

Jozef Deleu (*1937)

Der im flämischen Roeselaere geborene Dichter **Jozef Deleu** ging an seinem 65. Geburtstag im Jahr 2002 in Ruhestand. Zu diesem Anlass wurde im Bahnhof Lichtervelde (Westflandern) sein Gedicht **Lichtervelde** aufgehängt. Die erste Strophe:

Das Leben sagt ihm etwas
dieses kleine Chaos,
das dem Licht entgegenwächst
das bestimmte Gewicht der Tage, welches zunimmt
die Nächte, nicht verstört oder hoffnungslos,
aber voll und ganz erwartend
es stört ihn nicht, so wie die Liebhaber vor dem Zugfenster im
Bahnhof von Lichtervelde.

Bahnhofshalle Lichtervelde

Guido Gezelle (1830-1899)

Der in Brügge geborene Priester und Lehrer **Guido Gezelle** gilt als bedeutendster flämischer Dichter des 19. Jahrhunderts. In seinen Gedichten fließt sein westflämischer Dialekt in die Hochsprache ein. Als er am 26. Juli 1877 in der Station Denderleeuw umsteigen muss, inspirierte ihn der Bahnhof zu einem spontanen Gedicht. Dieses ist in der Bahnhofshalle ausgestellt. Erste Strophe:

Oh Dichtergeist
Oh Dichtergeist von allen Bändern
Hast du mich erlöst
Und durch deine Hände
Hat mir deine liebste Gunst nur wenig Arbeit gemacht.

Bahnhof Denderleeuw

41

Geert De Kockere (*1962)

Der flämische Kinderbuchautor **De Kockere** hat auch Gedichtbände verfasst. In verschiedenen Städten und Regionen Flanderns
stehen Cortenstahl-Säulen mit Gedichten des Autors. Die ersten
zwei Strophen der Stele in Waregem:

> *Worte werden irgendwohin*
> *verschifft werden*
> *gleiten in den Booten des Windes*
> *über den Strom durch die Stadt*
> *Auf den Bänken sitzen*
> *Und zuzuhören, wie sie zu einer*
> *reichen Sprache gesponnen werden...*

Olmstraat

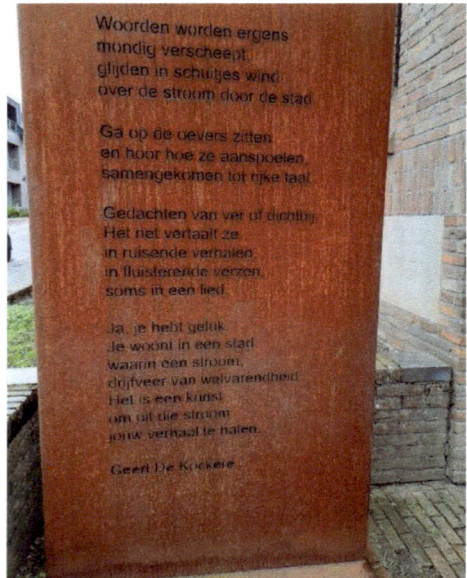

3. Französisch

Arthur Rimbaud (1854-1891)

Der französische Dichter **Arthur Rimbaud** hat **Sensation** 1870 im Alter von 16 Jahren geschrieben. Er beschreibt darin das Freiheitsgefühl, das ihm eine gedachte Wanderung durch die Natur bietet, die auch für seinen künftigen freiheitlichen Lebensweg steht, und ein Gefühl der Liebe steigt in ihm auf.

Rembrandtstraat 27

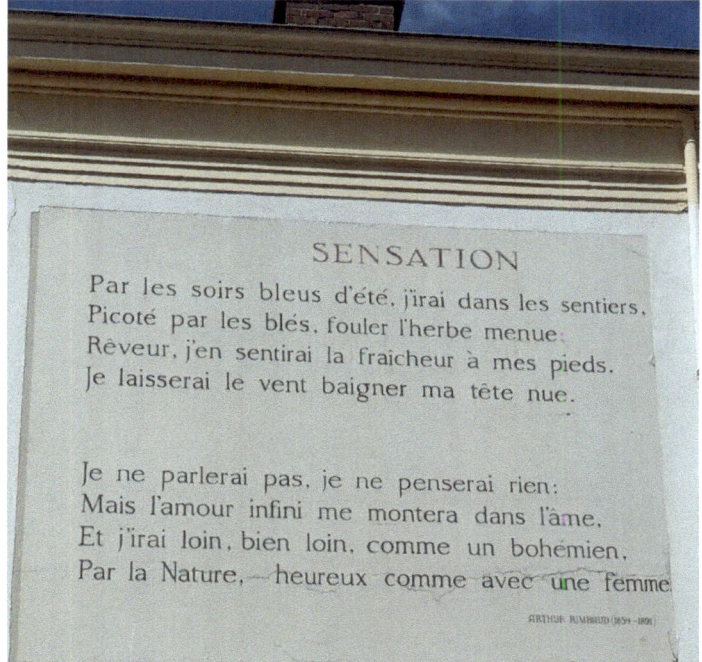

SENSATION

Par les soirs bleus d'été, j'irai dans les sentiers,
Picoté par les blés, fouler l'herbe menue.
Rêveur, j'en sentirai la fraicheur à mes pieds.
Je laisserai le vent baigner ma tête nue.

Je ne parlerai pas, je ne penserai rien:
Mais l'amour infini me montera dans l'âme,
Et j'irai loin, bien loin, comme un bohémien,
Par la Nature, — heureux comme avec une femme.

ARTHUR RIMBAUD (1854-1891)

Guillaume Apollinaire (1880-1918)

Apollinaires Gedicht **Loin du pigeonnier** war bis vor wenigen Jahren exponiert an einer Brandmauer eines Eckgebäudes in Leiden zu lesen. Mittlerweile ist es jedoch durch einen Neubau in eine Lücke gezwängt worden und da sich dort noch immer eine eingezäunte Baustelle befindet, lässt sich das graphisch attraktive Gedicht kaum mehr fotografieren. Apollinaire gilt als einer der ersten surrealistischen Dichter und Vorläufer des Dadaismus und spielte auch mit der Typographie der Buchstaben. In **Loin du pigeonnier** spielen auch Kriegserfahrungen Apollinaires, der durch eine Granate verletzt wurde und 1918 an der Spanischen Grippe starb, ein. Das Gedicht beginnt mit

> *Et vous savez pourquoi, pourquoi la chère couleuvre se*
> *love de la mer jusqu' a l'attendrissant de l'Est*
> *Malourène 75 Canteraine*

Middelstegracht/Klosterpoort

44

Julien Blaine (*1942)

Der französische Künstler und Dichter **Julien Blaine** spielt mit dem französischen Wortstamm cré, der in den französischen Worten für Schaffen, Schöpfen, Geschöpfen etc. enthalten ist. Das resultiert in der Erkenntnis, *der Schöpfer schafft Schöpfungen, die Geschöpfe schaffen.*

Fuldaer Berg 3

Ilse Garnier (1927-2020)

Die Dichterin **Ilse Garnier** wurde in Kaiserslautern geboren, verbrachte den größten Teil ihres Lebens jedoch in Frankreich und gilt deshalb als französische Lyrikerin. In ihrem Gedicht **Papillon** (Schmetterling) bewegen sich die beiden l wie der Flügelschlag eines Schmetterlings durch den Raum und bringen so Wortbedeutung und Wortbild in Einklang.

Fuldaer Berg 3

Pierre Garnier (1928-2014)

Der französische Dichter **Pierre Garnier**, Ehemann von Ilse Garnier, ist unweit des `Papillon´ seiner Frau mit dem Werk **Les oiseaux** vertreten. Hier werden die fünf im Wort oɪseaux (Vögel) enthaltenen Vokale a e i o u zuerst in alphabetischer, dann in umgekehrter Reihenfolge aufgeführt. Dies wird einmal wiederholt, so dass sich ein Tableau von Buchstaben ergibt. Liest man die Vokale Zeile für Zeile soll sich der Eindruck einer Vogelstimme ergeben.

Brunnenstr. 14

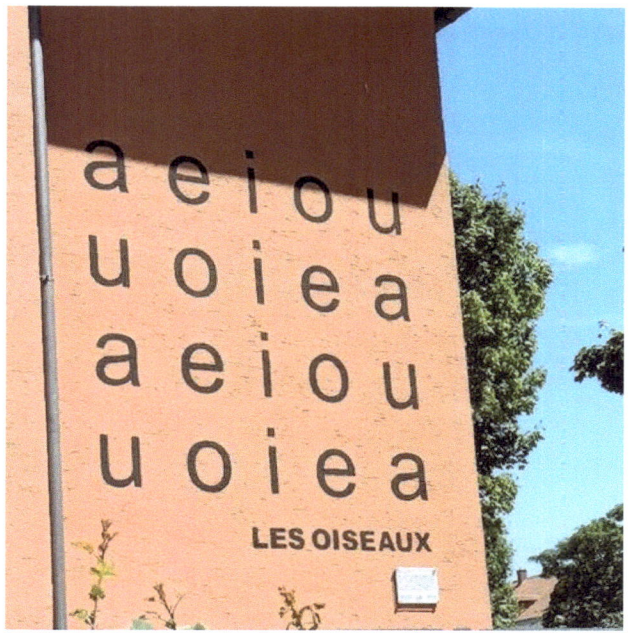

Antoine de Saint-Exupéry (1900-1944)

In *Les Jardins du Lac de Bambois* gibt es im La Vieille Maison eine Ausstellung zum Kreislauf des Wassers. Dort hängt an der Wand auch ein Zitat des französischen Schriftstellers **Antoine de Saint-Exupéry** (Welterfolg `Der kleine Prinz´).

> *Wasser, du bist nicht für das Leben notwendig, du bist das Leben. Du bist der größte Reichtum, den die Welt besitzt, aber auch der empfindlichste.*

Parc du Lac

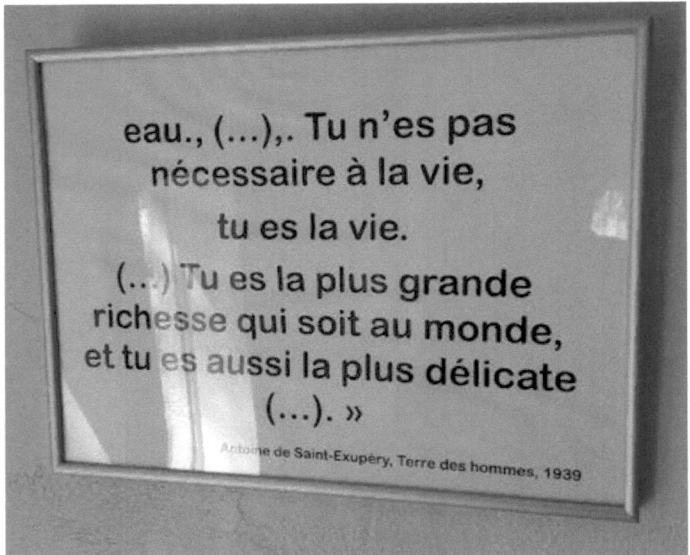

Jean Nô

Jean Nô ist ein französischer Musiker, der 2004 das Projekt **les Enfantastiques** lanciert hat, mit dem Ziel Chansons durch Improvisation mit Schülern zu kreieren. Einer der Texte ist an einer Fassade in der Innenstadt im wallonischen Beauraing zu lesen.

> *Ein Sonnenstrahl*
> *Ein wertvolles Geschenk*
> *Das macht Lust*
> *Uns zu lieben.*

Rue de Bouillon

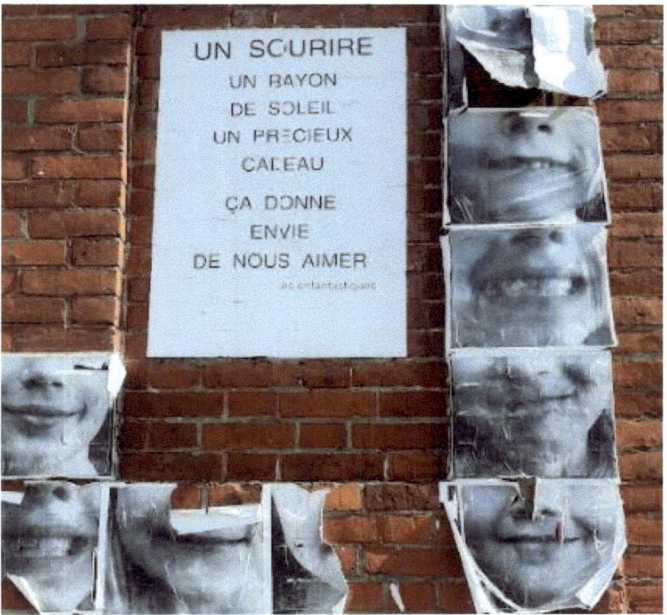

Maurice Carême (1899-1978)

Maurice Carême war ein belgischer (wallonischer) Schriftsteller. Sein Gedichtband **Entre deux mondes** erschien im Jahre 1970. Ein Gedicht aus diesem Band ist an einer Tür in der Innenstadt von Beauraing zu lesen.

Rue de Bouillon

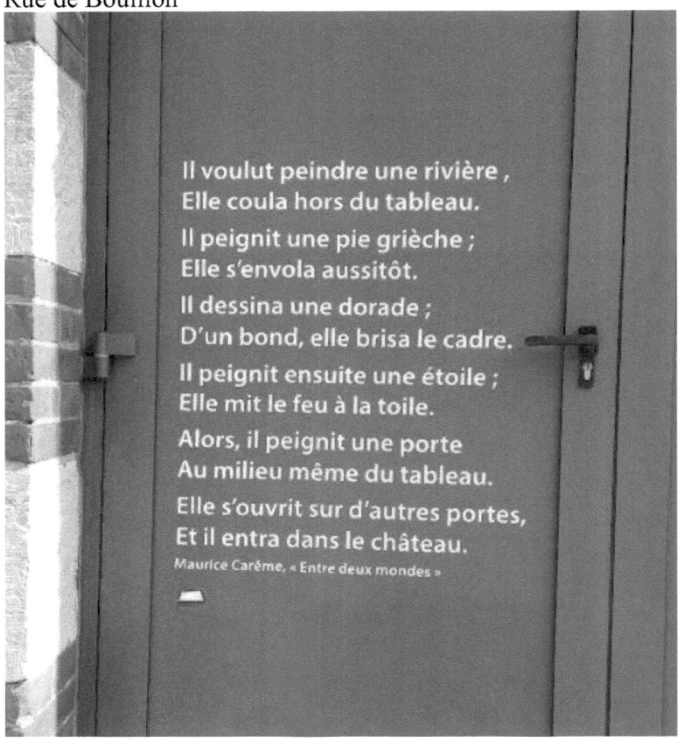

Il voulut peindre une rivière ,
Elle coula hors du tableau.

Il peignit une pie grièche ;
Elle s'envola aussitôt.

Il dessina une dorade ;
D'un bond, elle brisa le cadre.

Il peignit ensuite une étoile ;
Elle mit le feu à la toile.

Alors, il peignit une porte
Au milieu même du tableau.

Elle s'ouvrit sur d'autres portes,
Et il entra dans le château.

Maurice Carême, « Entre deux mondes »

Alain Snyers (*1951)

Die südlich von Brüssel gelegene wallonische Stadt Jodoigne ist seit der 2016 lancierten Kunstaktion **la sente surprenante** voll mit merkwürdigen fast poetischen Schildern, erdacht vom französischen Künstler **Alain Snyers**. Von den 28 Schildern ist eines unten zu sehen: **Zone des perturbations sentimentales** (Zone der sentimentalen Störungen).

Rue du Château

4. Spanisch und Portugiesisch

4.1 Spanisch

Seltsamerweise ist Berlin die Stadt, in welcher ein spanischsprachiges Gedicht in den letzten Jahren für die größte Feuilleton-Aufregung gesorgt hat.

Berlin

Seit der in Bolivien geborene **Eugen Gomringer** (*1925) den Poetik-Preis der Alice-Salomon-Hochschule im Jahr 2011 gewonnen hatte, prangte an der Hochschul-Fassade in Hellersdorf das 1951 verfasste Gomringer Gedicht **Ciudad (Avenidas)**. Doch 2016 beschwerte sich die Asta der Hochschule darüber. Da Blumen, Frauen und Bewunderer vorkamen, wurde es als sexistisch empfunden. Aus Protest gegen die Entfernung des Gedichtes von der Fassade der Hochschule installierte Anfang 2019 die Wohnungsgenossenschaft Grüne Mitte es auf Deutsch und Spanisch (siehe unten), nachts sogar beleuchtet, an der Fassade eines Hellersdorfer Wohnblocks (Gothaer/Ecke Kyritzer Straße).

Octavio Paz (1914-1999)

Der mexikanische Schriftsteller **Octavio Paz** erhielt 1990 den Literaturnobelpreis. In Leiden ist er mit dem fast surrealen Gedicht **Aqui** (Hier) aus dem Jahre 1958 vertreten.

> *Meine Schritte in dieser Straße hallen in einer anderen Straße wider, wo ich meine Schritte dieser Straße höre, wo nur der Nebel echt ist…*

Zonneveldstraat 18

53

Frederico Garcia Lorca (1898-1936)

Der aus Andalusien stammende **Frederico Garcia Lorca** gehört zu den berühmtesten spanischen Dichtern des 20. Jahrhunderts.
De Profundis (die Tiefe) schrieb er im Jahre 1921. De Profundis gehört zum Gedichtzyklus **Grafico de la petenera**, wo es um 100 Reiter geht, die in die Schlacht ziehen und dort fallen. In diesem Gedicht liegen sie schon unter der Erde.

> *Die hundert Liebenden schlafen für immer*
> *unter der trockenen Erde.*
> *Andalusien hat breite rote Straßen.*
> *Cordoba grüne Olivenhaine,*
> *wo sie hundert Kreuze aufstellen,*
> *die an sie erinnern.*
> *Die hundert Liebenden schlafen für immer.*

Der schwule Schriftsteller Lorca deutet damit auch das Schicksal der damals in Spanien verfolgten Homosexuellen an.

Gegenüber Langebrug 56

Francisco Gomez de Quevedo (1580-1645)

Im um 1620 geschriebenen Gedicht, **Ves, con el oro** (siehst du, mit dem Gold) des spanischen Barockdichters **de Quevedo** geht es um den Reichtum, um Gold, edle Hölzer, teure Stoffe. Doch man soll nicht neidisch werden, denn wer nichts begehrt, ist reich und die Gier ist nur eine blasse Sucht. Der Dichter war für seine originellen Augengläser bekannt, die in Spanien auch quevedos genannt wurden.

Sint Pancrassteeg 2a

Jorge Eduardo Eielson (1924-2006)

Das Gedicht **Misterio** (Geheimnis) des peruanische Dichters **Eielson** ist in der Tat geheimnisvoll.

> *Warum lebe ich*
> *und das Glas voll mit Wasser*
> *Und die Tür geschlossen*
> *Und der Himmel so wie gestern*
> *Und die Vögel golden*
> *Und die Zunge nass*
> *Und meine Bücher in Ordnung.*

Und dann geht es weiter mit *warum bin ich tot* und alles gerät durcheinander.

Noordeinde 6

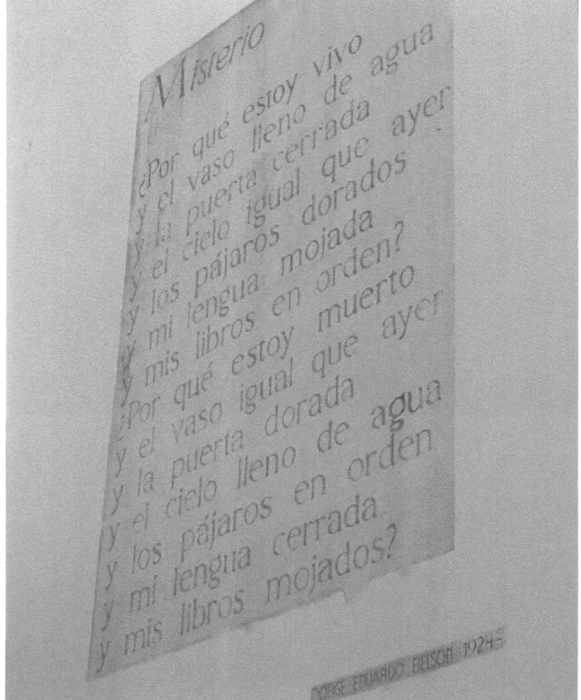

Antonio Avila Jimenez (1898-1965)

Der bolivianische Dichter und Musiker **Avila Jimenez** spricht in mehreren seiner Gedichte in mystischen Visionen Frauen an. Im Gedicht unten gedenkt er mit Feuerzeichen (pirografias) einer Frau, welche nur in seiner Vorstellung existiert.

Breitzbacher Weg 1 (Bauhof)

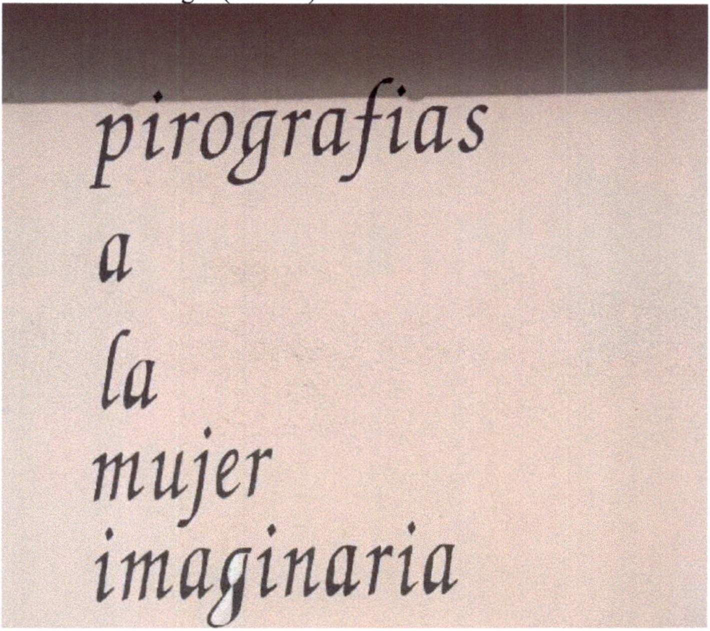

pirografias

a

la

mujer

imaginaria

Guillermo Deisler (1940-1995)

Der chilenisch-deutsche Künstler und Autor visueller Poesie **Deisler** zeigt den Turm von Babel als Pyramide, ebenbürtig in Bedeutung und Alter. Die Pyramide besteht dabei teilweise aus Buchstaben und Silben spanischer Worte.

Fuldaer Str. 44

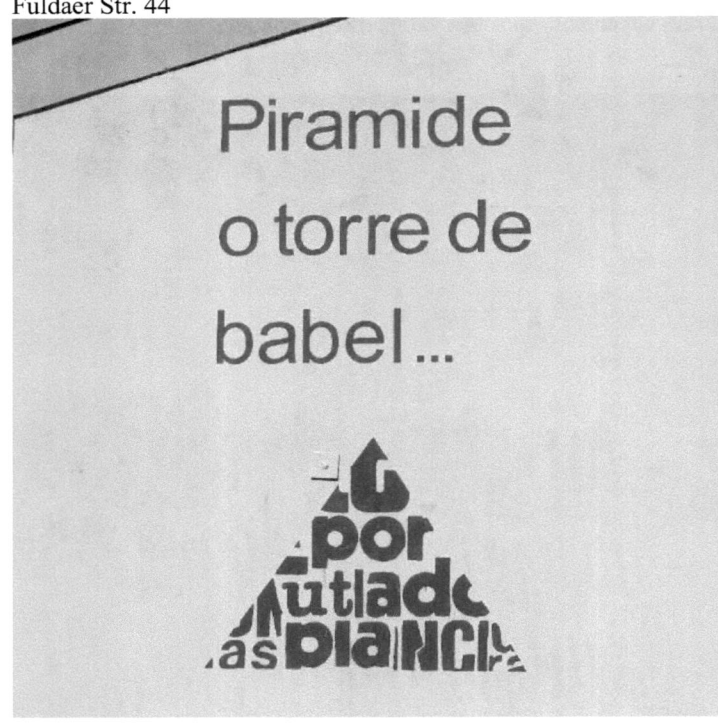

4.2 Portugiesisch

Augusto de Campos (*1931)

Der brasilianische Schriftsteller **Augusto de Campos** hat mit seinem Bruder Haroldo den brasilianischen Zweig der Konkreten Poesie gegründet.

In Hünfeld zeigt er ein Tableau von sieben Wortpaaren, wobei jedes Wort drei Buchstaben hat und fast alle Worte mit m oder n enden. Es beginnt mit Com som (mit Ton), führt gelesen zu einem Singsang und endet mit sem som (ohne Ton).

Kreuzbergstr. 43

5. Italienisch

In Italien selbst sind Gedichttafeln und Gedichte an Fassaden eher selten. Die Vergangenheit wiegt hier schwer und Informationstafeln erinnern hier eher an die lange Geschichte. Italienische Dichter sind zudem, was Fassadengedichtprojekte in den Niederlanden und in Deutschland betrifft, nur wenig repräsentiert. So sind in diesem Kapitel lediglich zwei Gedichte aus Leiden aufgeführt, keines aus der Stadt der Konkreten Poesie Hünfeld, sowie ein Graffito und ein Dialektgedicht aus Cagliari in Sardinien. Bei meinem Besuch im Juli 2021 habe ich zudem im Kunstmuseum von Cagliari das unten gezeigte poetische Kunstwerk gesehen. Ich kann es jedoch keinem Dichter zuordnen.

Im Kunstmuseum von Cagliari

Eugenio Montale (1896-1981)

Der italienische Schriftsteller und Nobelpreisträger **Eugenio Montale** schrieb das Gedicht **Non Chierderci** (Frag mich nicht) im Jahre 1925.

Fragen Sie uns nicht nach Worten, die unsere formlose Seele definieren könnten, und in Feuerbriefen erklärst du es und leuchtest wie ein Krokus, verloren inmitten einer staubigen Wiese.

Der Mann, welcher mit Sicherheit fortgeht, anderen und sich selbst ein Freund, und sein Schatten kümmert sich nur um die Hitze und drückt auf eine bröckelnde Wand!

Frag nicht nach der Formel, die die Welt eröffnen soll, eine krumme Silbe, dürr wie ein Ast. Alles was ich dir heute sagen kann ist, was wir nicht sind und was wir nicht wollen.

Oude Rijn 138

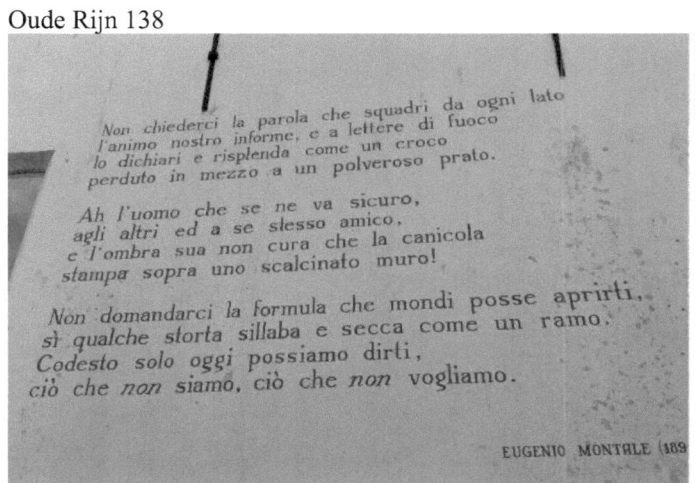

Non chiederci la parola che squadri da ogni lato
l'animo nostro informe, e a lettere di fuoco
lo dichiari e risplenda come un croco
perduto in mezzo a un polveroso prato.

Ah l'uomo che se ne va sicuro,
agli altri ed a se stesso amico,
e l'ombra sua non cura che la canicola
stampa sopra uno scalcinato muro!

Non domandarci la formula che mondi posse aprirti,
sì qualche storta sillaba e secca come un ramo.
Codesto solo oggi possiamo dirti,
ciò che *non* siamo, ciò che *non* vogliamo.

EUGENIO MONTALE (189

Cesare Simonetti (erste Hälfte 20. Jahrhundert)

Über den italienischen Dichter und Grafiker **Cesare Simonetti** ist sehr wenig bekannt. Filippo Marinetti hat sein Gedicht **Treno in Corsa** in den 1925 erschienenen Band **Nuovi poeti futuristi** aufgenommen aber darüber hinaus gibt es kaum Informationen zu Simonetti.

Die gezeigten Worte ahmen den Klang einer Dampflokomotive nach und entströmen nach oben wie aus deren Schornstein. Nach unten hin scheint die zugespitzte Grafik Bewegung anzudeuten.

Pelikaanstraat/Oude Vest

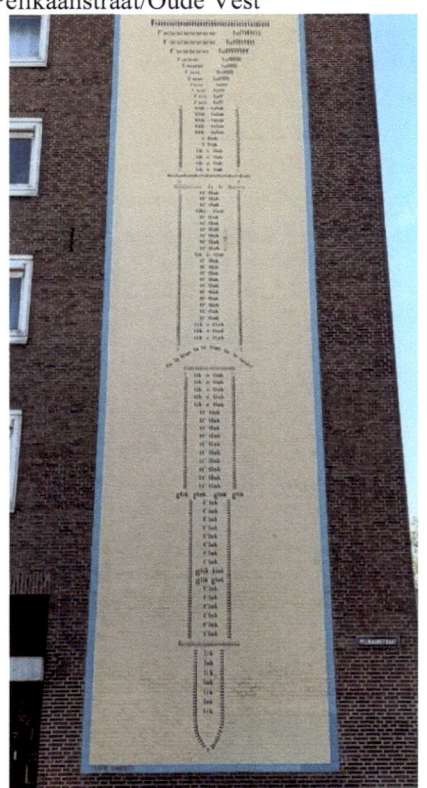

Cagliari

Vincenzo Pisanu (*1945)

Der sardische Dichter **Vincenzo Pisanu** schreibt seine Gedichte im sardischen Dialekt. Das Gedicht **Cun Su Tempus** (im Laufe der Zeit) ist auf einer Stele im Bahnhof von Cagliari zu sehen. Die Stele zeigt Gesichter verschiedener Lebensphasen.

> *Im Laufe der Zeit*
> *Komm mir entgegen*
> *Um meine Jahre aufzuhalten*
> *Um mich zum Herrn meiner Tage zu machen*
> *Alles vergeht so schnell und in der wilden Fahrt kann ich*
> *nicht einmal die Farbe des Lebens sehen.*

Bahnhof von Cagliari

Unbekannt (Graffito)

Dieses Graffito in Cagliari hat einen ironischen Charakter. Es sagt, es müsse endlich Schluss sein, mit den auf die Fassaden gesprühten Sprüchen. Diese wären runterziehend. Das wäre hart, aber gerecht.

Cagliari, Altstadt

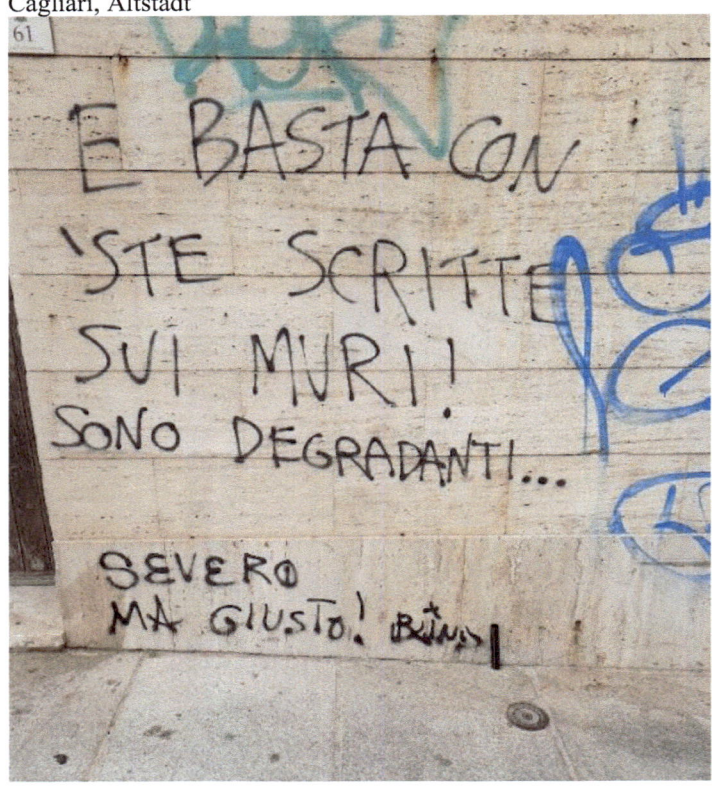

6. Slawische Sprachen

Der deutsch-polnische Künstler Gerhard Jürgen Blum-Kwiatkowski (1930-2015) hatte gute Beziehungen nach Osteuropa und engen Kontakt zu polnischen und tschechischen Künstlern. Deshalb sind im **Konkrete Poesie** Projekt **Offenes Buch Hünfeld** viele Künstler aus Osteuropa vertreten. Ihre Poesie ist oft dadurch zugänglich, dass die verwendete Sprache Deutsch oder Englisch ist oder dass sie stark auf grafische Elemente wie einzelne Buchstaben reduziert ist, so wie bei Eduard Ovčáček. Bohumila Grögerova nutzt wiederum eine Kombination mehrere Sprachen.

> **Hünfeld**

Bohumila Grögerova (1921-2014)

Wie andere tschechische Wortkünstler nutzt **Grögerova** andere Sprachen, um die Lesbarkeit ihrer Botschaft in der Bahnhofstr. von Hünfeld zu verbessern. Das tschechische Wort SVOBODA erscheint auf Englisch und Deutsch. Im Deutschen sind es 8 Buchstaben, die volle Zeilenlänge, auf Englisch und Tschechisch jedoch nur sieben. So rücken die Worte nach links, bis das deutsche Wort die letzte Zeile voll ausfüllt. Die Klarheit und Strenge der Großbuchstaben in Gesetzestafelanmutung und das versetzte Lesen in drei Sprachen unterstreichen die Wichtigkeit der Botschaft

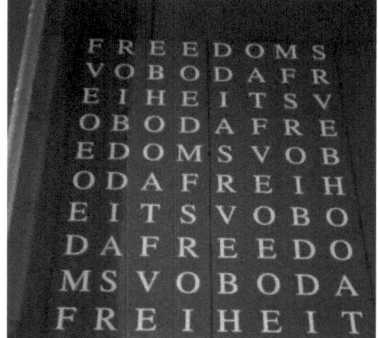

6.1 Russisch

Leiden

Osip Mandelstam (1891-1938)

Der in Warschau geborene russische Dichter **Osip Mandelstam** kehrt im 1930 entstandenen Gedicht **Leningrad**, an einem trüben Dezembertag in die Stadt seiner Kindheit zurück, welche er in den letzten Strophen St. Petersburg nennt.

> *Ich bin zurückgekommen in die Stadt, das sind meine eigenen alten Tränen, meine eigenen kleinen Adern, die geschwollenen Drüsen der Kindheit. Du bist also zurück. Öffne dich, Schlucke das Fischöl der Lampen am Fluss von Leningrad.*
>
> *Und ich warte bis zum Morgen auf Gäste, die ich liebe und rüttle an den Ketten der Tür.*

Haagweg 29

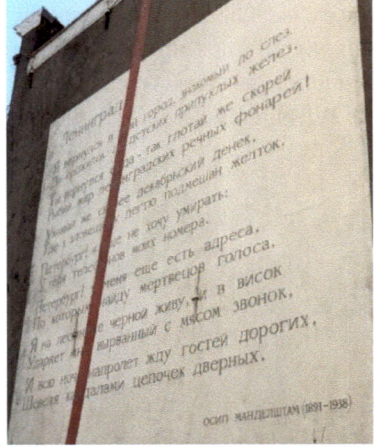

Kasimir Malewitsch (1879-1935)

Der in Kiew geborene avantgardistische Maler **Malewitsch**, Weg-
bereiter des Konstruktivismus und Gründer des Suprematismus,
war für seine provozierend einfarbigen schwarzen Bilder bekannt.
Er meinte in dem unten gezeigten Zitat, dass es in der Kunst eine
Pflicht gibt, die notwendigen Formen zu füllen, ob man dies nun
liebt oder nicht. Das Zitat passt so zur Umgebung, es ist im Hof des
Museum Modern Art Hünfeld zu sehen.

Hersfelder Straße 25, Hof Museum Modern Art

В искусстве есть обязанность
выполнения его необходимых
форм. Помимо того люблю
я их или нет.

6.2 Tschechisch

Hünfeld

Eduard Ovčáček (*1933)

Der tschechische Grafiker, Maler und Lettrist **Ovčáček** setzt sich in seiner Arbeit mit dem Auto, also auch dem Selbst, auseinander. Passenderweise sind seine Worte an einem Autoparkplatz zu lesen. Eigentlich sind diese Fremdworte am ehesten noch dem Latein zuzuordnen, aber es sind doch auch tschechische Worte dabei, wie Auto **zmar** (Autowrack) und Auto **klam** (Selbsttäuschung).

Fuldaerstr. 6

```
A
AU
AU
AUT
AUTO
AUTOR
AUTORITA
AUTORITA
AUTORITA
AUTORITA
AUTO GRAM
AUTO KLAM
AUTO ZMAR
AUTO MAM
AUTO
AUTO
AUTOP
AUTOPO
AUTOPOR
AUTOPORT
AUTOPORTR
AUTOPORTRE
AUTOPORTRET
AU TOPOR T RET
A
AU
AUT
AUTOKRITIKA
          A
         AU
        AUT
       AUTO
      A        AUTODAFÉ
   UA           AUTODAFÉ
  TUA           AUTODAFÉ
STOPA
STOP
    AUTOSTOP
       STOPA
        STOP
         TOP
          OP
           P
```

6.3 Polnisch

Tadeusz Rozewicz (1921-2014)

Der polnische Schriftsteller **Rozewicz** schreibt in **Pisalem** (Ich schrieb):

> *Ich schrieb*
> *Einen Augenblick lang oder eine Stunde*
> *Einen Abend, eine Nacht*
> *Ich wurde zornig oder saß zitternd da*
> *Meine Augen voller Tränen*
> *Ich schrieb all diese Zeit*
> *Bis ich merkte*
> *Dass ich keinen Stift in der Hand hatte.*

Oude Vest 79

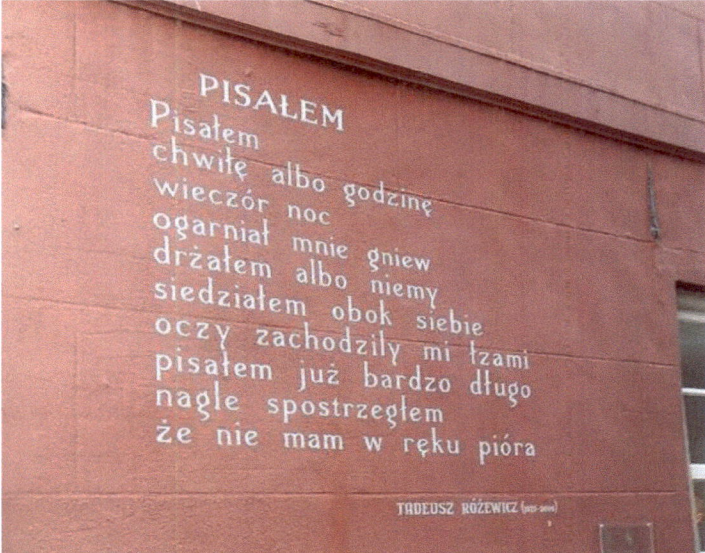

7. Japanisch

Matsuo Basho (1644-1694)

Der japanische Dichter **Basho** reiste viel und verfasste viele Haikus, kurze Gedichte. Auf einer Reise sah er die Gefängnisinsel Sado. Sie und ihre Gefangenen sind vom Festland und der Gesellschaft geographisch und emotional durch das wütende Meer getrennt, doch die Milchstraße am Himmel verbindet beide Welten.

> *Die wütende See*
> *Welche die Insel Sado umgibt,*
> *Die Milchstraße.*

Rapenburg 75/Nonnensteeg

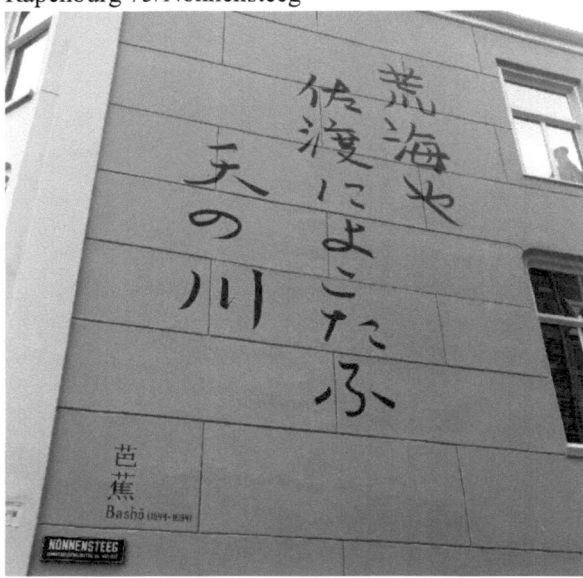

Seeichi Niikuni (1925-1977)

Niikunis Gedicht **Kawa Mata Wa Shu** aus dem Jahre 1966 besteht nur aus zwei Schriftzeichen und Worten: Fluss und Sandbank. Ein Quadrat ist oberhalb der Diagonale durch das Zeichen für Fluss (Kawa) ausgefüllt, unterhalb der Diagonale durch das Zeichen für Sandbank. So ergibt sich einfach und dennoch eindrucksvoll ein Landschaftsbild.

Pieterskerkgracht 17

Shutaro Mukai (*1955)

Mukais Gedicht besteht aus drei Zeichen: Baum (4x), Hain (8x)
und Wald (12 x). Gleichzeitig besteht das Zeichen für Baum aus
vier Elementen, das Zeichen für Hain aus 8 Elementen, es ist quasi
eine Verdoppelung des Baum-Zeichens und das Zeichen für Wald
ist ein dreifaches Baumzeichen (12 Elemente). Von außen nach in-
nen wird die visuelle Dichte zudem höher und aus dem Baum wird
ein Wald.

Kreuzbergstr.

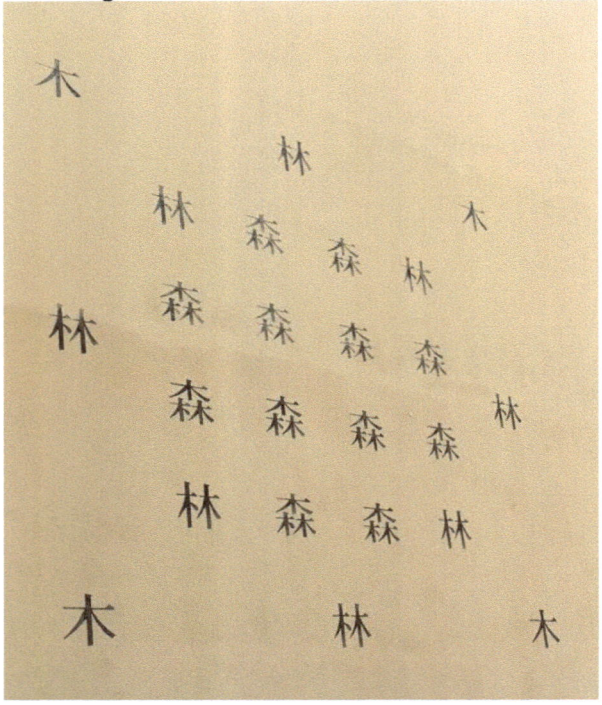

Hamajo Chisato

Das Gedicht des Japaners **Chisato** besteht aus einem in zwölffacher Wiederholung quadratisch angeordneten Zeichen, das sowohl Verb als auch Substantiv sein kann. Es bedeutet unter anderem auch **Gesetz** und mit gesetzlicher Strenge ist es angeordnet.

Kreuzbergstr. 25

8. Hebräisch und Arabisch

8.1 Hebräisch

Hünfeld

Shalom Sechvi (1928-2013)

Das Konkrete Poesie Gedicht des israelische Poeten **Sechvi** aus dem Jahre 1984 findet sich an der Fassade eines Parkhauses in Hünfeld. Es besteht aus einem einzigen Buchstaben, welcher 25-mal wiederholt wird, 16-mal schwarz auf weiß, 9-mal weiß auf schwarz. Das A (**Alef**) ist im Hebräischen der Anfangsbuchstabe wichtiger Worte wie Gott, Liebe, Mensch, Vater, Mutter, Bruder, Schwester. Dieses Wissen ist notwendig, um an der Fassade mehr als eine Graphik zu sehen.

Lindenstraße (Parkhaus)

Josef Sarig (1944-1973)

Der israelische Dichter und Komponist **Josef Sarig** schreibt in seinem Gedicht **Waagschale** (1970) über die Einsamkeit des Alters. Diese Erfahrung blieb ihm in seinem Leben jedoch erspart, denn er starb 1973 mit nur 29 Jahren als Soldat im Jom-Kippur-Krieg.

> *Waagschale*
> *Wenn ich alt bin, werde ich grau sein*
> *Wenn Gesichter meiner Freunde nicht mehr da sind*
> *Und die Namen meiner Bekannten auf Steinen stehen*
> *Und wenn diese Steine unerträglich zahlreich geworden sind*
> *Werde ich mich ihnen anschließen*
> *Und im Stillen meine Türe schließen.*

Herengracht 4

8.2 Arabisch

> **Leiden**

Adonis (*1930)

Der syrische Poet und Übersetzer **Ali Ahmad Said Esber**, Pseudonym **Adonis**, ist einer der wichtigsten zeitgenössischen Dichter des arabischen Raumes und hat 20 Gedichtbände veröffentlicht. In Leiden ist das Gedicht **Loss** (Verlust) auf Englisch und Arabisch zu lesen. Das Gedicht sieht den Verlust positiv, der Verlust rettet und leitet uns, der Verlust wartet nur auf uns.

Papengracht

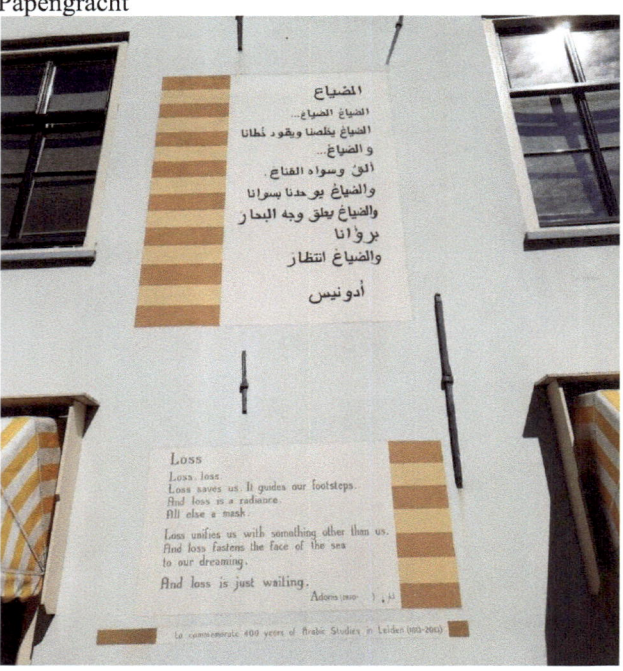

9. Andere Sprachen

9.1 Armenisch

Eriwan

Yeghishe Charents (1897-1937)

In diesem auf einer Säule in der Innenstadt Eriwans zu lesenden Gedicht drückt der armenische Poet **Yegishe Charents** aus, dass er aus den Jahrhunderten kommend und siegend in die Jahrhunderte eingehen wird, in die leuchtende Zukunft.

Sayat Nova Street

9.2 Georgisch

| Leiden |

Sjota Roestaveli (1172-1216)

Der georgische Dichter **Roestaveli** schrieb der **Ritter im Pantherfell** um das Jahr 1200, einer kulturellen Blütezeit des Landes. Im Gedicht, Teil eines Epos von 6000 Strophen, geht es um ein Testament des arabischen Edelmannes Avtandil, der sich aufmacht, seinen Freund Tariel, einen indischen Prinzen, der sich als der gesuchte Ritter im Pantherfell herausstellt, zu treffen. Im Falle seines Todes soll sein Besitz unter den Armen verteilt werden und die Sklaven sollen freigelassen werden.

Witte Rozenstraat 1

9.3 Persisch (Farsi)

M.R. Shafii Kadkani (*1939)

Der iranische Schriftsteller **Kadkani** schreibt in seinem Gedicht **Reise sicher** über den Dialog zwischen einem ortsfesten Schilfrohr in einer staubigen Wüste und dem beweglichen Wind. Das Gedicht endet damit, dass das Schilfrohr den Wind bittet, sicher zu reisen und sobald er diese brutale Wüste verlassen und die Blüten und den Regen erreicht hat, diese von ihm zu grüßen.

Clarensteeg/Lange Mare

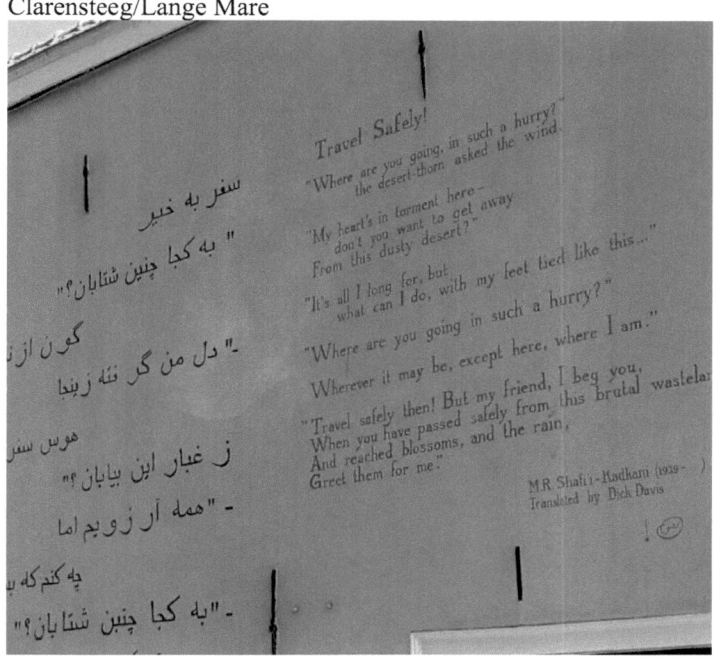

Travel Safely!

"Where are you going, in such a hurry?"
the desert-thorn asked the wind.

"My heart's in torment here —
don't you want to get away
From this dusty desert?"

"It's all I long for, but
what can I do, with my feet tied like this..."

"Where are you going in such a hurry?"

Wherever it may be, except here, where I am."

"Travel safely then! But my friend, I beg you,
When you have passed safely from this brutal wasteland
And reached blossoms, and the rain,
Greet them for me."

M.R. Shafi'i-Kadkani (1939 -)
Translated by Dick Davis

79

9.4 Sanskrit

Unbekannter Dichter (um 1000)

Das um 1000 entstandene Gedicht eines unbekannten Poeten
übersetzt sich etwa so:

> *Gesegnet ist der Weise, welcher*
> *weiß, wie die Welt funktioniert,*
> *und glücklich ist auch der Narr,*
> *der das, was er zu glauben weiß, nie in Frage stellt.*
> *Aber lass niemanden dazwischen fallen.*
> *Von Zweifel geplagt werden, was falsch und was richtig ist,*
> *resultiert aus einem Geist,*
> *der gerade so mit ein bisschen Wissen ausgestattet ist.*

Haagweg 14

9.5 Altisländisch

Stavanger

Lieder Edda (um1270)

Im Stadtmuseum von Stavanger sind mehrere Strophen der um 1270 in altisländischer Sprache verfassten **Lieder-Edda** zu lesen. Dabei geht es um die **Frau von Sigradrifa,** eine Walküre.

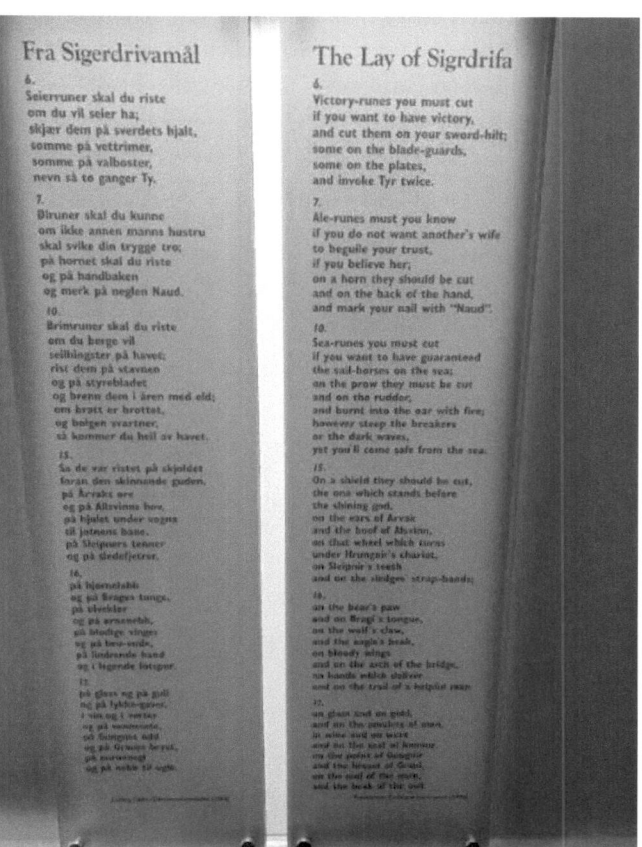

9.6 Muscogee

Wotkoce Oskice (1904-1991)

Der Amerikaner **Louis Oliver** war Indianer (indianischer Name **Wotkoce Oskice**, Kleiner Hase,) vom Stamm der Muscogee. In seinem in den 1980er Jahren in der Muscogee-Sprache entstandenen Gedicht **Maskoke Okisce** (Fabeln vom Bach) geht es um Tornados, welche die Erde in Angst und Schrecken versetzen. Das Gedicht ist in der grafischen Form eines Tornados angebracht.

9.7 Verschiedene Sprachen

Rheine

In der münsterländischen Stadt Rheine ist an der Stadtkirche-Brücke zurzeit (2022) unter dem Titel **Blau ist die Farbe des Geistes** eine Tafel mit Redensarten in 7 Sprachen zu lesen (Somalisch, Kurdisch, Türkisch, Bengalisch, Tamilisch, Albanisch und Afghanisch). Zum Beispiel die kurdische Weisheit `Im eigenen Stall hat das Kalb keine Angst vor großen Kühen´ oder die albanische Redensart `Das Leben ist eine Reise ins Dunkle´.

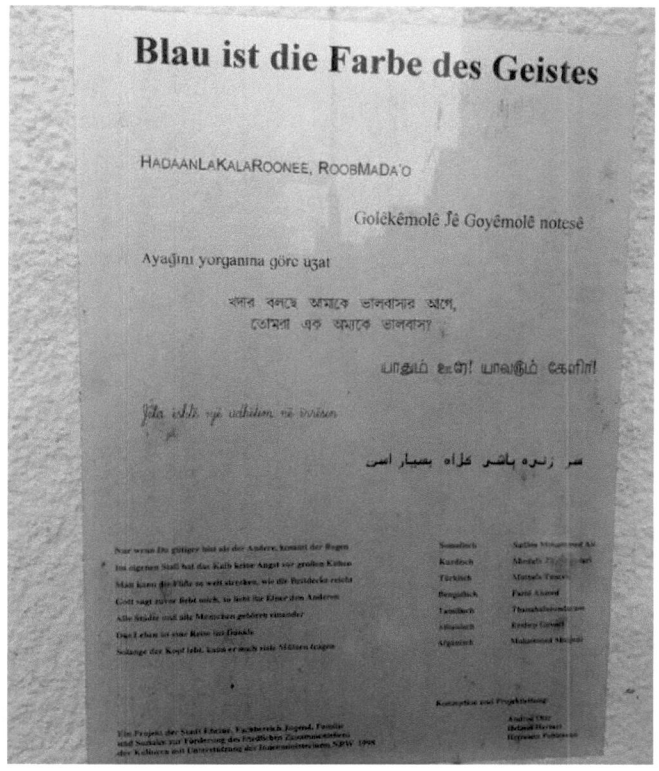

Werner Sünkenberg (*1948)

Die Skulptur **Mensch** des in Sulingen geborenen Künstlers **Werner Sünkenberg** wurde im Jahre 2019 von einem Sportplatz in einen Verkehrskreisel der Stadt Sulingen versetzt. Die 5.5 m hohe, 3 m breite und 4.5 Tonnen schwere Skulptur zeigt ein auf dem Kopf stehendes Haus, dessen 5 Ecken die fünf Kontinente symbolisieren. In der Metallfläche ist das Wort Mensch in 21 Sprachen der Welt zu lesen.

Schlusswort

Ich hoffe, die kleine Sammlung von Gedichttafeln, Stelen und lyrischen Fassadeninschriften ist für die LeserInnen unterhaltsam und anregend. Über Hinweise zu weiteren interessanten öffentlich lesbaren lyrischen Texten würde ich mich freuen. Kommentare zur bestehenden Sammlung sind ebenfalls willkommen. Am besten an: Richard.deiss@gmail.com

Gesehen in Landau (Donau)

Zum Autor

Richard Deiss stammt aus Isny im Allgäu, studierte in den 1980er Jahren in München Geografie und arbeitete ab den 1990er Jahren als Verkehrsplaner und im Bereich der Statistik. Heute lebt er in Wuppertal und Berlin. Bei BoD hat er seit 2006 bereits mehr als 50 Titel publiziert, zuletzt neun Bücher zu von ihm besuchten Städten und 2 Wortspielbücher. Zurzeit arbeitet er an einer auf 10 Bände angelegten Buchreihe zu Gedenk- und Informationstafeln.
Seine Bücher decken Themengebiete ab, zu denen es bisher wenige Veröffentlichungen gibt. Die LeserInnen dürfen gespannt sein auf weitere Neuerscheinungen. Es ist ihm ein Anliegen, seine Leserschaft damit zu unterhalten, zu erstaunen und zu erheitern. Und lernen kann man dabei auch noch etwas.

Quellennachweis:

Bilder: Richard Deiss

Texte: Informationen zu den Texten, siehe:

Arnhem
https://nl.wikipedia.org/wiki/Lijst_van_muurgedichten_in_Arnhem

Berlin, Gomringer
https://www.sueddeutsche.de/kultur/gomringer-avenidas-gedicht-gruene-mitte-alice-salomon-hochschule-1.4341733

Geisenheim, Longfellow
https://www.spiegel.de/politik/the-bells-of-geisenheim-a-9e8b1c62-0002-0001-0000-000028957592

Heidelberg
https://www.heidelberg-marketing.de/poi/liebesstein

Hünfeld
https://www.museum-modern.art/das-offene-buch

Jodoigne, Alain Snyers
https://www.snyers.fr/lautre-signaletique-de-jodoigne.html?a=105

Kerkrade
https://kerkradewiki.nl/

Leiden
Muurgedichten Leiden | Muurgedichten Leiden

Lichtervelde, Jozef Deleu
https://www.lyrikline.org/de/gedichte/lichtervelde-5442?showmodal=sr
https://www.paukeslag.org/items/show/52780

München, Marlowe
https://www.kulturpark-muenchen.de/2021/07/mittelalterlicher-dichter-christopher-marlowe-bekommt-platz-im-kulturpark/

Niederlande
https://straatpoezie.nl/

Nijmegen
Lijst van muurgedichten in Nijmegen - Wikipedia

Utrecht, Hanny Michaelis
https://en.wikipedia.org/wiki/Hanny_Michaelis

Valkenburg
Gedichten langs de Geul - 30 Een vijver